PARA

DE

OCASIÓN

La clave de Navidad
© 2020 por Grupo Nelson®
Publicado en Nashville, Tennessee, Estados Unidos de América.
Grupo Nelson es una marca registrada de Thomas Nelson.
www.gruponelson.com

Título en inglés: *The Christmas Code*
© 2017 por O. S. Hawkins
Esta obra fue publicada originalmente como parte de *The Believer's Code*
Publicado por Thomas Nelson, Thomas Nelson es una marca registrada
de HarperCollins Christian Publishing, Inc.

Editora en Jefe: *Graciela Lelli*
Traducción: *Marina Lorenzin*
Adaptación del diseño al español: *Mauricio Díaz*
ISBN: 978-1-40022-355-8

20 21 22 23 24 LSC 9 8 7 6 5 4 3 2 1

LA CLAVE DE *Navidad*

DEVOCIONALES DIARIOS
PARA CELEBRAR
EL ADVIENTO

O. S. Hawkins

NASHVILLE MÉXICO D.F. RÍO DE JANEIRO

Introducción

Durante siglos, los cristianos de todo el mundo han celebrado el advenimiento de Cristo, que conduce a la Navidad. *Advenimiento* significa «llegada, aparición, venida» y anticipa la venida de Cristo al establo de Belén. En medio de todo el ajetreo de esa época, las celebraciones, las compras, las luces, las decoraciones, las fiestas, y los demás preparativos, el Adviento nos ofrece un tiempo de preparación espiritual, un periodo para reflexionar sobre el gozo, la paz, la esperanza y el amor verdaderos que la venida del niño Jesús hace posible para cada uno de nosotros.

La clave de Navidad representa un recorrido a través del mes de diciembre hasta el día de Navidad. Cada lectura comprende un versículo bíblico, una reflexión devocional, una palabra clave y una oración. Las palabras clave sirven para ayudarlo a descubrir las bendiciones de cada lectura. Anótelas, llévelas con usted para meditar sobre ellas a lo largo del día. Y haga que la oración diaria, al repetirla con frecuencia, pueda convertirse en una parte de su propio caminar con Cristo.

Utilice este libro como un tiempo para mirar en retrospectiva con ferviente gratitud por la primera venida de Cristo… y para mirar hacia adelante con gran expectativa por la segunda venida, su aparición gloriosa. Haga de las palabras de este villancico centenario su propia oración en esta Navidad:

¡Oh, ven! ¡Oh, ven, Emanuel!
Libra al cautivo Israel,
Que sufre desterrado aquí
Y espera al Hijo de David,
Alégrate, ¡oh Israel!
Vendrá, ya viene Emanuel.

1 DE DICIEMBRE

RAÍCES: UN REGALO DE NAVIDAD

Libro de la genealogía de Jesucristo... y Jacob engendró a José, marido de María, de la cual nació Jesús, llamado el Cristo.

MATEO 1:1, 16

No hay nadie como usted. Es un ser único. Nadie tiene una huella digital como la de usted ni un ADN que coincida exactamente con el suyo. Las raíces son importantes, y no solo para las plantas. Su ADN revela qué proclividades puede tener con respecto a las enfermedades, el intelecto, el temperamento y mucho más.

Mateo 1 enumera cuarenta y siete nombres, la mayoría de ellos impronunciables. Algunos son grandiosos, otros no tanto. Desde príncipes hasta mendigos, desde pastores hasta esclavos, desde reyes hasta rameras, que abarcan veintiún siglos de experiencia humana; la lista finaliza en un establo durante una noche estrellada con un nombre que es sobre todo nombre: ¡Jesús!

El árbol genealógico de nuestro Señor no termina con sus ancestros, porque sus descendientes, usted y yo, hemos nacido de nuevo en su familia eterna.

Palabra clave: RAÍCES

¿Puede decirme el nombre completo de su bisabuelo? ¿O algo de su vida? Es muy probable que los hijos de sus propios nietos ni siquiera sepan el nombre de usted. Lo que realmente importa es esto: ¿están sus verdaderas raíces en el árbol genealógico de Jesús?

Señor, que en esta Navidad pueda estar más interesado en aparecer en tu lista que en cualquier otra lista de invitados. En el nombre de Jesús, amén.

2 DE DICIEMBRE

Hay aflicción en el árbol genealógico de Jesús

Abraham engendró a Isaac [...] el rey David engendró a Salomón de la que fue mujer de Urías.

Mateo 1:2, 6

Hablemos sobre sufrimiento, tristeza, miseria y aflicción; esos sentimientos se encuentran entretejidos a través del árbol genealógico de nuestro Señor. ¿Puede sentir la aflicción detrás de esas palabras? La tristeza de Abraham al tener que dejar todo lo que había conocido para ir a una tierra donde nunca había estado. El dolor por dejar ir a su primogénito, Ismael, al que amaba. ¿Y qué me dice del rey David? Tuvo un hijo que murió en su infancia a causa del pecado de David. Su hijo Absalón mató a su hermano Amnón, y si eso no fuera suficiente para romper el corazón de un padre, Absalón dirigió una revuelta en su contra.

Sin embargo, en el árbol genealógico de Cristo esos nombres no están a la altura de la aflicción de la época navideña. Jesús se compadece del dolor de sus ancestros y sus descendientes. Quizás usted tenga el corazón apesadumbrado. Tal vez haya sido incomprendido. Jesús lo fue. Pero él le dice: «Yo te entiendo». Quizás se sienta solo. Jesús le dice: «Yo conozco la soledad del huerto de Getsemaní». Él llevará sus aflicciones y cargará con su dolor… si se lo permite.

PALABRA CLAVE: AFLICCIÓN

En el mes de diciembre existe más aflicción que en ningún otro. En medio de todas las guirnaldas y los adornos, la soledad atormenta a muchos. La mayoría de los intentos de suicidio ocurren principalmente en este mes. Jesús entiende su aflicción. Detrás de las vidas de todos esos hombres y mujeres del árbol genealógico de Cristo vemos dolor, pero lo superaron… y usted también podrá.

Señor, gracias por llevar mi aflicción y cargar con mi dolor. Me apoyo en ti. En el nombre de Jesús, amén.

3 DE DICIEMBRE

HAY GRACIA EN EL ÁRBOL GENEALÓGICO DE JESÚS

Salmón engendró de Rahab a Booz, Booz engendró de Rut a Obed.

MATEO 1:5

Si el tiempo nos lo permite, podríamos detenernos en cada una de las decenas de nombres en la genealogía de Cristo y hablar de la gracia en sus vidas. Sin embargo, existen cuatro testimonios de gracia que resultan evidentes y que deberían llamar nuestra atención. Todos son de mujeres, y en la antigüedad ver nombres de mujeres en los libros de la genealogía era un hecho sin precedentes.

En primer lugar, encontramos a Tamar (Mateo 1:3). ¿Quién fue? Permítame presentársela. Una vez se vistió como una ramera, sedujo a su suegro y tuvo un hijo ilegítimo (Génesis 38). También leemos acerca de Rahab (Mateo 1:5). Ella era la ramera de la antigua ciudad de Jericó. Luego está Rut (v. 5). Pertenecía a una raza que había comenzado en incesto y adoraba dioses paganos. Por último, tenemos a Betsabé (v. 6), que vivía en adulterio con el rey David.

¿Cómo lograron estas mujeres figurar en el árbol genealógico de Jesús? Hay una sola palabra: ¡gracia! El favor inmerecido de Dios.

Palabra clave: FAVOR

Hay una buena noticia en esta Navidad. Donde abundó el pecado, sobreabundó la gracia… para usted. ¿Qué nos está diciendo el Señor? No creo que él esté hablando en voz baja: «De modo que si alguno está en Cristo, nueva criatura es; las cosas viejas pasaron; he aquí todas son hechas nuevas» (2 Corintios 5:17).

Señor, gracias por darme lo que no merecía... un regalo maravilloso: ¡gracia! En el nombre de Jesús, amén.

4 DE DICIEMBRE

En el árbol genealógico de Jesús está Dios

Y Jacob engendró a José, marido de María, de la cual nació Jesús, llamado el Cristo.

Mateo 1:16

Observe con detenimiento lo que dice nuestro versículo de hoy... y lo que no dice. No dice: «José engendró a Jesús». Aquí termina la repetición de «engendró». En griego, «de la cual» es femenino singular, y se refiere únicamente a María y no a José. ¿Puede ver a Dios el Padre en el árbol genealógico de Jesús? Jesús era el hijo nacido de la virgen María, en cuyo vientre el Padre implantó a su Hijo. Cientos de años antes, el profeta Isaías había profetizado que el nacimiento virginal sería la «señal» del esperado Mesías (Isaías 7:14).

Como Jesús fue la simiente de María (la simiente de una mujer, Génesis 3:15) y no la de José, le da derecho a ser su Salvador y Señor. El nacer de una virgen es el fundamento de su autoridad.

Algunos solo ven dolor. Pero si usted mira más de cerca, hallará gracia. Y si mira lo suficientemente cerca, verá la mano de Dios moldeándolo, preparándolo, formándolo y forjándolo. Él ha estado presente desde el principio.

Palabra clave: LIBRO

En definitiva, el único libro que importa es el de la vida del Cordero, donde están escritos los nombres de todos aquellos que han puesto su confianza en Cristo. ¿Se encuentra su nombre en ese libro? Jesús dijo: «Pero no os regocijéis de que los espíritus se os sujetan, sino regocijaos de que vuestros nombres están escritos en los cielos» (Lucas 10:20).

Señor, gracias porque estás obrando en mi vida en este preciso momento, formándome y moldeándome a tu imagen. En el nombre de Jesús, amén.

5 DE DICIEMBRE

En una medianoche estrellada

Y dio a luz a su hijo primogénito [...] y lo acostó en un pesebre.

Lucas 2:7

Si usted es como yo, escribe cientos de palabras por día. Permítame hacerle una pregunta: ¿las teclas que presiona son de color negro, gris o blanco? La verdad es que la mayoría de las personas no pueden dar una respuesta definitiva sin mirar las teclas, incluso cuando las miran todos los días. ¿El punto? Existen muchas cosas en la vida que miramos, pero que realmente no vemos.

Tome por ejemplo la escena navideña. La ha visto representada miles de veces, pero ¿la ha *visto* realmente? Me encanta la función del teléfono celular que me permite recortar mis fotos. Hace poco, nos tomamos una fotografía familiar. Susie y yo en el medio, con los nietos y sus padres rodeándonos. Tenemos un «enemigo» en común con nuestros nietos: ¡sus padres! ¡Los recorté y tenemos una hermosa fotografía de nuestros nietos, Susie y yo!

Recortemos la Navidad. Preste atención a toda la escena navideña. Es un culto de adoración. Recórtela un poco y encontrará una familia en el medio: José, María y Cristo. Recórtela más y en el centro verá solo a Jesús.

PALABRA CLAVE: RECORTAR

Tome una fotografía de la Navidad representada en su hogar. Recorte todo excepto a Jesús. La Navidad se trata de Jesús. Que él sea el centro de su Navidad este año.

Señor, en medio de todo el ajetreo de esta época, ayúdame a enfocarme en ti. En el nombre de Jesús, amén.

6 DE DICIEMBRE

OBSERVE LA IMAGEN COMPLETA: ES UN CULTO DE ADORACIÓN

¡Gloria a Dios en las alturas, y en la tierra paz, buena voluntad para con los hombres!

LUCAS 2:14

Observe la Navidad y verá un culto de adoración. Los ángeles sobrevolando como drones. Pastores comunes y malolientes, así como sabios sofisticados se inclinan ante él. La adoración fluye hacia el niño Jesús.

Es difícil imaginarse un contraste mayor que el visto en la Navidad. Ellos provenían de diferentes entornos sociales. Los pastores tenían un nivel socioeconómico bajo. Los sabios eran tan aceptados socialmente que podían entrar al palacio del rey. Además, tenían diferencias en materia de educación. Los pastores carecían de toda educación formal; en cambio, los sabios eran famosos por su conocimiento. Dios nos está diciendo que sin importar quién sea usted o de dónde provenga, puede acercarse a Cristo y adorarle.

Sobre todo, la Navidad se trata de adoración. Los que estaban en el pesebre no se encontraban allí simplemente para admirar a ese niño. Estaban allí para adorarle. Asegúrese de que la adoración ocupe el primer lugar en su lista de Navidad.

Palabra clave: PESEBRE

Piense en esto: «... y lo acostó en un pesebre» (Lucas 2:7), donde comían los animales. Si hubiera nacido en un palacio, solo la élite habría tenido acceso. Pero todos podemos acercarnos a un pesebre. Jesús sigue siendo accesible para usted y para todo aquel que desea unirse a los pastores para postrarse delante de él.

Señor, ayúdame para que mi adoración a ti sea el centro de la Navidad este año. Gloria a Dios en las alturas. En el nombre de Jesús, amén.

7 DE DICIEMBRE

Recorte la Navidad y en el medio encontrará una familia

Y aconteció que estando ellos allí, se cumplieron los días de su alumbramiento.

Lucas 2:6

Observe el centro de la escena navideña y encontrará una pequeña familia. La Navidad se trata de eso. Dios encomendó a su propio Hijo a una familia humana, igual que la suya. Pudo haberla eludido, pero no lo hizo. Él puso su propio sello de aprobación en este grupo de personas.

La familia es importante para Dios. Piense en ello. Él estableció la familia mucho antes que la iglesia. Colocó a su propio Hijo en una familia con parentescos y responsabilidades domésticas. Así que Jesús fue criado en Nazaret en medio de una unidad familiar.

Con posterioridad, cuando estaba colgado en la cruz, divisó a María y le dijo a Juan que la cuidara. Jesús era un hombre de familia. Si piensas al respecto, tenía una familia ensamblada. La familia es preciada para él.

La Navidad tiene una familia en el centro por una buena razón. Dios está a favor de ella. La Navidad tiene su manera particular de unir a las familias.

Palabra clave: FAMILIA

¿Dónde queremos estar en Navidad? En casa. Conducimos largas distancias para dormir en sofás o en el piso a fin de estar en casa para Navidad. Asegúrese de mantener a su familia cerca de su corazón y no dude en decir: «te quiero».

....

Señor, gracias por la familia; en esta Navidad ayúdame a hacer mi parte para mantener la unidad en mi familia. En el nombre de Jesús, amén.

8 DE DICIEMBRE

Continúe recortando la Navidad y en el centro encontrará a un Salvador

Que os ha nacido hoy, en la ciudad de David, un Salvador, que es CRISTO el Señor.

Lucas 2:11

Me encanta el retrato de Rembrandt sobre la natividad. Un gran haz de luz alumbra al niño Jesús, de modo que todos los otros participantes quedan envueltos en la oscuridad. Quería que nada empañara la importancia de Cristo.

La Navidad se trata de Cristo. Y, primordialmente, solo de Cristo. Él es el centro de la escena navideña, y además el centro de toda la historia de la humanidad. Su nacimiento divide la historia del hombre en «antes» y «después» de Cristo. Y, si no puede creerlo, piense en ello al finalizar este mes cuando cambie el calendario. Su nacimiento señala el camino para que todos los hombres y mujeres puedan ver que la senda hacia nuestra morada eterna es a través de él.

Si la Navidad fuera su propia vida, ¿quién o qué estaría en el centro? Él anhela ser el centro de su vida en esta época navideña.

PALABRA CLAVE:
TRANSPORTAR

Si pudiera transportarse en el tiempo hacia aquel establo, ¿se vería a sí mismo parado a un costado observando? ¿O se encontraría arrodillado, cantando con el coro angelical: «¡Gloria a Dios en las alturas!»?

Señor, mi deseo es ser un adorador. Y solo tú eres digno de mi adoración. En el nombre de Jesús, amén.

9 DE DICIEMBRE

Vamos a Belén

«Vamos a Belén, a ver esto que ha pasado y que el Señor nos ha dado a conocer».

LUCAS 2:15, NVI

Era una noche oscura… sin embargo, ¡había luz! La luz del mundo había nacido. Belén casi se la pierde. No había lugar. Por lo tanto, la joven judía embarazada no encontró ni siquiera una sábana limpia o una simple cuna. En sus horas de trabajo de parto, su cama era la paja de un establo. Y, cuando el bebé nació, ella misma, con sus dedos temblorosos, lo envolvió en pañales y lo acostó en el pesebre.

Colina abajo, un grupo de pastores recibieron una visita sorpresa desde el cielo. Se apresuraron hasta el establo, hallaron al niño y regresaron «glorificando y alabando a Dios» (Lucas 2:20).

Convirtámonos en Belén. En esa pequeña aldea encontramos un lugar de potencial, providencia y privilegio. El Señor anhela que usted se vuelva una Belén por derecho propio. Es decir, que sea consciente de que es una persona de potencial, providencia y privilegio.

Palabra clave:
SORPRESA

¿Puede imaginarse la sorpresa que se llevaron los pastores aquella noche cuando se abrieron los cielos delante de ellos y el coro angelical en perfecta armonía declaró el nacimiento del Señor? Por lo general, sucede de esa manera... Dios nos sorprende. Prepárese para que él lo encuentre de una forma sorpresiva en esta Navidad.

Señor, ayúdame a vivir este día a la expectativa de una sorpresa celestial. En el nombre de Jesús, amén.

10 DE DICIEMBRE

Belén es un lugar de potencial

Pero tú, Belén [...] pequeña para estar entre las familias de Judá, de ti me saldrá el que será Señor [...] y sus salidas son desde el principio, desde los días de la eternidad.

Miqueas 5:2

Piense en esto. De todos los lugares que existen, Dios escogió Belén para que naciera el Mesías. Uno hubiera pensado que sería un lugar mucho más prominente, como Jerusalén. Belén nos recuerda que en la economía de Dios los pequeños serán grandes y los últimos serán los primeros. Era un lugar de potencial, y aunque, al igual que Belén, usted puede sentirse insignificante, ¡es una persona de potencial!

El Señor no lo ve por lo que es, él ve en quién puede convertirse. Este es el mensaje de Belén. Dios no nació en el palacio de César ni en la corte de Herodes. Llegó de manera discreta, casi sin previo aviso, a una aldea aparentemente insignificante.

Hoy Él le recuerda que ante sus ojos usted tiene potencial de grandeza. Véase como una Belén. Es una persona de potencial.

PALABRA CLAVE:
POSIBILIDAD

Sus posibilidades son ilimitadas. Dios no lo ve por lo que es, él ve en quién puede convertirse. Cuando conoció a Pedro, le dijo: «Eres una piedrita, pero te convertirás en una gran roca» (Juan 1:42, paráfrasis del autor). Pedro lo creyó y más tarde se convirtió en el líder de la iglesia primitiva.

Señor, ayúdame a ver hoy el potencial increíble que tú ves en mí. En el nombre de Jesús, amén.

11 DE DICIEMBRE

Belén es un lugar de providencia

Pero tú, Belén Efrata, pequeña para estar entre las familias de Judá, de ti me saldrá el que será Señor en Israel; y sus salidas son desde el principio, desde los días de la eternidad.

Miqueas 5:2

Varios siglos antes de su nacimiento, los profetas predijeron que Cristo nacería en Belén. ¿Pero cómo? José y María vivían a setenta millas (ciento doce kilómetros) al norte, en Nazaret. Dios puso a todo el mundo en movimiento para cumplir su Palabra. Augusto César promulgó un edicto, el cual ordenaba que todos debían empadronarse según su linaje familiar para pagar impuestos. Por tanto, José, que era del linaje de David, partió de Nazaret con su esposa embarazada para emprender un largo viaje lleno de inconvenientes.

En nuestras vidas, muchas de las cosas que a simple vista parecen inconvenientes, quizás solo sean la mano de la providencia de Dios llevándonos a nuestra propia Belén.

Belén nos recuerda que aquello que Dios promete, lo cumple, sin importar lo que pase. Es un lugar de providencia, y usted una persona de providencia.

Palabra clave: PROVIDENCIA

En este preciso momento, Dios está obrando detrás de escena en su vida: «El Altísimo gobierna el reino de los hombres» (Daniel 4:17). Dios no ha abdicado de su trono. Él está obrando en su vida cuando usted ni siquiera es consciente de ello.

Señor, tú cumplirás lo que has prometido. Hazme hoy una Belén. En el nombre de Jesús, amén.

12 DE DICIEMBRE

Belén es un lugar de privilegio

Hijitos míos, por quienes vuelvo a sufrir dolores de parto, hasta que Cristo sea formado en vosotros.

Gálatas 4:19

Qué maravilloso privilegio ser la ciudad escogida para acunar al Hijo de Dios. ¿Por qué Belén? ¿Por qué no Jerusalén, la sede del poder religioso? ¿O Roma, el centro del poder político? ¿O Atenas, el centro del poder intelectual? Dios estaba enviando un mensaje. La esperanza del mundo no se encuentra en la religión ni en la política ni en la filosofía. Dios le dio el privilegio a la pequeña aldea de Belén para enviar el mensaje: ¡la esperanza del mundo está en un Salvador!

Esta Navidad podría convertirse en una Belén para usted. Al igual que Belén, puede despertarse a un mundo nuevo. El mismo Cristo que nació en Belén puede hacerlo de nuevo en su corazón. Pablo lo expresa así: «Vuelvo a sufrir dolores de parto, hasta que Cristo sea formado en vosotros». Si piensa que Belén es privilegiada por ser el lugar de nacimiento de Jesús, qué mayor privilegio es que Cristo nazca en usted.

Al pensar en Belén, Phillips Brooks escribió: «Las esperanzas y los temores de todos los años se cumplen en ti esta noche».

Palabra clave: Expectativa

Una de las palabras clave del Adviento es *esperanza*, esa sensación de expectativa, ese presentimiento de que algo bueno va a suceder. Belén casi pierde ese momento, pero usted puede despertar a una esperanza nueva al permitir que su vida se convierta en una Belén: el gran privilegio de que Cristo nazca de nuevo en usted.

Señor, gracias, no solo por la esperanza, sino por el entendimiento de que realmente vives en mí en este momento. En el nombre de Jesús, amén.

13 DE DICIEMBRE

La importancia de un nombre

Y dará a luz un hijo, y llamarás su nombre JESÚS [...]
Y llamarás su nombre Emanuel.

Mateo 1:21, 23

Existe una psicología interesante cuando buscamos el nombre de nuestros hijos. A algunos les ponemos nombres de familiares para conservar una herencia familiar. A menudo, me preguntan qué representan las iniciales *O. S.*, y no dudo en responder: «Omar Sharif». Pero la verdad es que mis iniciales representan nombres de mi familia: Otis Swafford. Y ahora sabe por qué uso O. S. en la portada de este libro. A otros se les ponen nombres por algún atributo que los padres desean que sus hijos alcancen en la vida: Fe o Esperanza, por ejemplo.

En la Biblia, los nombres tienen significados específicos. Jesús cambió el nombre de Simón por Pedro, porque vio su potencial para ser una «roca». A José le pusieron por sobrenombre Bernabé (que traducido significa «Hijo de consolación»), porque cada vez que tomaba protagonismo, animaba a los primeros creyentes.

Durante estos días, detengámonos a pensar en los nombres dados a nuestro Señor. La misión de la Navidad es en su nombre: Jesús. Y el mensaje de la Navidad también es en su nombre: Emanuel.

Palabra clave: NOMBRE

¿Cuál es el significado de su nombre? La próxima vez que firme un cheque o una nota, y observe su nombre, piense en su significado. Los nombres importan... y el único nombre que es sobre todo nombre es ¡*Jesús*!

Señor, ayúdame hoy a llevar el nombre de «cristiano» con integridad y honor. En el nombre de Jesús, amén.

14 DE DICIEMBRE

La misión de la Navidad es en el nombre de Jesús

Y dará a luz un hijo, y llamarás su nombre JESÚS, porque él salvará a su pueblo de sus pecados.

Mateo 1:21

El nombre *Jesús* es una transliteración del nombre hebreo *Joshua*, que significa «Jehová salva». Su mismo nombre, Jesús, nos cuenta sobre la misión por la cual descendió del cielo a la tierra: para «[salvar] a su pueblo de sus pecados».

Jesús es el nombre intensamente personal de nuestro Señor. ¿Ha notado cuán difícil es para algunas personas pronunciar este nombre, Jesús? Les resulta mucho más fácil referirse a él como Dios, Señor, Cristo o «el hombre de arriba». Pero algo sucede cuando declaramos el nombre de Jesús. Dígalo ahora. En voz alta. Jesús es su nombre más personal, y solo aquellos que verdaderamente lo conocen por el perdón de sus pecados pronuncian con facilidad su nombre.

Él vino a salvarlo de sus pecados. Ábrale su corazón. Jesús dijo: «Yo vine a buscar y a salvar a aquellos que estaban perdidos» (Lucas 19:10, paráfrasis del autor).

Palabra clave:
PERDIDOS

Pronuncie esa palabra: *perdidos*. Dígala de nuevo en voz alta. Sin Cristo, así es como estamos: perdidos sin esperanza, perdidos en el tiempo, perdidos más allá de la eternidad, perdidos, por siempre perdidos. Pero cuando abrimos nuestro corazón a él, comenzamos a conocerlo por su nombre íntimo y personal: ¡Jesús!

Jesús, gracias por venir a una misión con el propósito expreso de salvarme. En el nombre de Jesús, amén.

15 DE DICIEMBRE

El mensaje de la Navidad es en el nombre de Emanuel

Y llamarás su nombre Emanuel, que traducido es: Dios con nosotros.

MATEO 1:23

El nombre *Emanuel* es una traducción de dos palabras hebreas que expresan «Dios está con nosotros». Dios con nosotros. No algún profeta ni maestro ni hombre santo. Sino Dios mismo revestido en carne humana, ¡*con nosotros*! Descendió hasta donde estamos a fin de que podamos ascender eternamente a donde él está. Dios... siempre con nosotros.

Dios, que es majestad. Con nosotros, que es misericordia. Dios, que es gloria. Con nosotros, que es gracia. Él vino para estar con nosotros, para darnos lo que no merecíamos, y no lo que sí merecíamos.

Él no podría ser Jesús sin ser Emanuel. Es decir, a fin de salvarnos, primero tuvo que descender y habitar entre nosotros, hecho carne. En Belén, vemos a Dios con nosotros. En el Calvario, vemos a Dios por nosotros. En Pentecostés, vemos a Dios en nosotros.

Palabra clave: CON

Una cosa es estar *para* alguien, pero otra cosa es estar *con* alguien; estar a su lado en los buenos tiempos y en los malos, en los tiempos de dolor y en los de regocijo. Ese es el nombre de nuestro Señor: Emanuel. Él está con usted ahora mismo. Y cuando partió de esta tierra, lo hizo con las siguientes palabras finales: «He aquí yo estoy con vosotros todos los días» (Mateo 28:20).

Señor, no hay ningún lugar a donde pueda irme sin ti. Tú estás conmigo todos los días. En el nombre de Jesús, amén.

16 DE DICIEMBRE

Señalizaciones en Navidad

Por tanto, el Señor mismo os dará señal: He aquí que la virgen concebirá, y dará a luz un hijo, y llamará su nombre Emanuel.

Isaías 7:14

¿Qué es una señal? Es algo que tiene el propósito de hacer dos cosas: captar su atención y luego comunicarle algo. Puede estar conduciendo por un camino de montaña peligroso y ver una señal luminosa que le advierte que debe reducir la velocidad para tomar una curva cerrada más adelante. Los carteles están diseñados para llamar su atención, hacerlo rápido y luego dejarle un mensaje que no olvidará pronto.

La Biblia nos dice que hay una «señal» con respecto a la venida prometida del Mesías. Y esa señal, dirigida a llamar nuestra atención y comunicarnos algo, es que una «virgen concebirá, y dará a luz un hijo». Esto es humanamente imposible. Haría falta un milagro divino.

Jesús nació de una virgen. No era Dios y hombre. Él es el Dios-hombre, «el unigénito Hijo [...] del Padre» (Juan 1:18), quien puso su propia simiente en una joven virgen.

Palabra clave: SEÑAL

Hoy, mientras realice sus compras navideñas y vea cientos de señales que llaman su atención para comunicarle algo, permita que cada una de ellas le recuerde que la «señal» de que Jesús es el Señor es el nacimiento virginal, el fundamento de nuestra salvación.

Señor, si pudiera comprenderlo todo, no sería suficiente. Creo... por fe. En el nombre de Jesús, amén.

17 DE DICIEMBRE

Lo acostó en un pesebre

Y dio a luz a su hijo primogénito [...] y lo acostó en un pesebre.

Lucas 2:7

Estas palabras cautivan mi corazón más que cualquier otra: «Lo acostó en un pesebre». No en una bonita cuna de madera como vemos en una escena del pesebre, sino en un abrevadero para animales labrado en piedra, en un establo oscuro donde las sandalias de María se hundían en el estiércol al caminar y el olor nauseabundo de los animales llenaba sus fosas nasales. Ella lo acostó en un pesebre. Piense en eso. La enfermedad, el dolor, la muerte eran factores posibles.

Cuán desesperadamente sola, lejos de su familia y amigos, debió haberse sentido cuando se percató de que su bebé nacería tan lejos del hogar. En su hora de dolor, su lecho era la paja en un establo, y cuando el niño nació, ella misma, con dedos temblorosos, «lo envolvió en pañales y lo acostó en un pesebre».

«No hay lugar» no fue solo el mensaje de Belén, sino el eje de la vida de Jesús. Pero los que le hallan y hacen lugar en sus corazones para recibirlo comprenden el verdadero mensaje de la Navidad.

Palabra clave: ACCESO

Si Jesús hubiera nacido en un palacio como la mayoría de los reyes, muy pocos podrían acercársele sin obtener un permiso. Pero nadie, sin importar cuán pobre o cuán rico sea, tiene dificultades para entrar a un establo. Qué gran acceso hay detrás de esas hermosas palabras de bienvenida: «Lo acostó en un pesebre».

Señor, gracias porque cualquiera puede ir a ti... y eso me incluye a mí. En el nombre de Jesús, amén.

18 DE DICIEMBRE

María, ¿sabías?

Pero María guardaba todas estas cosas, meditándolas en su corazón.

Lucas 2:19

María. Una jovencita que un día jugaba en las calles de Nazaret con sus amigas, y al otro día descubre que está embarazada, aunque es virgen y sin desposar. ¿Su primera respuesta? «¿Cómo será esto?» (Lucas 1:34).

Después del nacimiento de Jesús, todo comenzó a tener sentido; María «guardaba» todas esas cosas en su corazón. La descripción gráfica es de un pastel, cuando se mezclan todos los ingredientes en un bol. Ella estaba uniendo todos los elementos y mezclándolos en su mente… las profecías… el mensaje del ángel… el nacimiento virginal.

Sabía que esas manitos regordetas nunca serían adornadas con costosos anillos de oro o plata. Estaban destinadas a otras cosas, como tocar a los leprosos, formar saliva para los ojos del ciego y, por último, ser atravesadas con los clavos de los romanos. Pero también sabía que millones de nosotros seguiríamos sus pasos. María «guardaba» todas estas cosas y las reservaba para sí.

Palabra clave: HORNEAR

Mientras disfruta una gran variedad de pasteles navideños en estas fiestas, permita que cada bocado le recuerde a María guardando todas esas cosas en su corazón. Sea usted mismo alguien que contemple, medite y guarde el milagro de Belén en su corazón.

Señor, quiero honrarte al detenerme por un momento para darle honor a la mujer que escogiste para criar a tu propio Hijo. Ayúdame a meditar en esa época. En el nombre de Jesús, amén.

19 DE DICIEMBRE

EL HOMBRE OLVIDADO DEL PESEBRE

... se le apareció en sueños un ángel [...] y le dijo: «José [...] no temas recibir a María por esposa, porque ella ha concebido por obra del Espíritu Santo».

MATEO 1:20 NVI

En la escena dramática de Navidad, José es la única persona que rara vez se menciona y al que nunca se cita; no obstante, todo el relato depende de su fidelidad. Se cita a María. Al igual que a Elisabet, Zacarías, los pastores, los magos, Herodes, Simeón, e incluso a los ángeles. Pero no hay registro de nada que José haya dicho.

Oímos muchos villancicos durante la época navideña. Son canciones sobre María, los magos, los pastores, los ángeles, la estrella. Todos tienen un villancico, excepto José. Casi nadie canta acerca de él en la Navidad.

Sin embargo, existe una razón de por qué Dios escogió a José para educar y criar a su propio Hijo. Era un hombre fiel. Cada vez que Dios le enviaba un mensaje a través de un ángel, él obedecía de inmediato (Mateo 1:18-25; 2:13-15; 2:20-22). El legado recibido de parte de este hombre olvidado del pesebre no está en lo que dijo, sino en lo que hizo. La historia completa depende de su obediencia a Dios.

Palabra clave: COMÚN

Tal vez nadie tome nota de lo que usted dice. Quizás nunca haya escrito un libro. Al igual que yo, es una persona simplemente común. Aprenda una lección de otro de nosotros, José, un carpintero común y corriente. Dios usa a personas ordinarias. Escoge a personas como usted y como yo para hacer conforme él ordena.

Señor, ayúdame a ver hoy que lo que hago habla más fuerte que todo lo que pueda decir. En el nombre de Jesús, amén.

20 DE DICIEMBRE

APROVECHE AL MÁXIMO LA NAVIDAD

Y volvieron los pastores glorificando y alabando a Dios por todas las cosas que habían oído y visto, como se les había dicho.

LUCAS 2:20

¿Cómo puede sacarle el mayor provecho a la Navidad? Para algunos, todo se reduce a la decoración del hogar o del árbol, la obtención de ese obsequio especial, la reunión con los parientes o la invitación a la fiesta de cierta persona. Sin embargo, aprovechar al máximo la Navidad es mucho más que cualquiera de esas cosas.

Únase a los pastores este año para hacer de esos días venideros un tiempo para «glorificar y alabar a Dios», un tiempo para celebrar el verdadero significado de la Navidad. Dios «habita entre las alabanzas» de su pueblo (Salmos 22:3). Es allí donde y cuando él se siente en casa: en medio de su alabanza.

Note que los pastores «volvieron». ¿A dónde? A sus hogares y labores. Qué impacto debió haberles causado eso a quienes mejor los conocían. Que Dios pueda darle la gracia para seguir a esos pastores y sacarle el máximo provecho a la Navidad este año.

PALABRA CLAVE: GOZO

Otra de las palabras clave del Adviento es *gozo*. Celebre a Cristo sobre todas las demás cosas en estas fiestas. Cante: «¡Al mundo paz, nació Jesús!».

Señor, gracias por el gozo que solo tú puedes dar. ¡Celebramos tu nacimiento! En el nombre de Jesús, amén.

21 DE DICIEMBRE

Aproveche aún más la Navidad

Y al verlo, dieron a conocer lo que se les había dicho acerca del niño.

Lucas 2:17

No solo celebre la Navidad este año; ¡dela a conocer! Los pastores se convirtieron en testigos verbales de lo que habían visto y oído. Habían visto a Dios hecho hombre. Sus propios ojos contemplaron a aquel que había sido anunciado por los profetas durante siglos. Oyeron la música del cielo. Y no pudieron evitar contarles a otros sobre lo que habían visto y oído.

Dios escogió a un grupo de simples pastores para que fueran los primeros en comunicar las buenas nuevas de la venida de Cristo. Había otros en Belén que eran de mayor importancia y prominencia. Sin lugar a dudas, sus testimonios habrían tenido mayor peso. Pero Dios aún tiene sus maneras de confundir al sabio.

La Navidad es solo otra historia cálida, borrosa y sentimental a menos que la dé a conocer. Esta época navideña brinda una gran oportunidad para hablar de las buenas nuevas con la familia y amigos, cuyos corazones estarán más abiertos que en cualquier otra época del año.

Palabra clave: CONTAR

Jesús nos dice «ir y contar» (ver Mateo 28:19-20). Parece que nos resulta mucho más fácil y seguro cambiar estas palabras por «venir y oír». Pídale a Dios que le dé la audacia de los pastores en esta Navidad para «dar a conocer» el verdadero mensaje de la Navidad.

Señor, quiero comunicar tus buenas nuevas. Y el encabezado reza: «Jesús salva». En el nombre de Jesús, amén.

22 DE DICIEMBRE

Entre bastidores en Nochebuena

He aquí que vengo [...] para hacer tu voluntad.

Hebreos 10:7

Alrededor de todo el mundo, iglesias grandes y pequeñas presentan obras y espectáculos navideños. Lo que me asombra es cuánto sucede entre bastidores antes de que se eleve el telón. Hay que terminar los accesorios, coser los trajes, ensayar la música, memorizar las líneas, y tantas cosas más.

En esta Navidad, con toda la atención puesta en Belén y el pesebre, piense por un minuto en qué estaba sucediendo entre bastidores... en el cielo, claro. Nuestro Señor se estaba despidiendo de su Padre. Dejó a un lado su gloria y traspasó los portales del cielo hasta un maloliente establo de oriente.

¿Y qué le decía al Padre mientras partía, cuando el telón se elevaba para presentar el mayor acontecimiento de la historia de la humanidad? Yo voy «para hacer tu voluntad».

Aquel que habíamos estado esperando y al que los profetas habían anunciado estaba llegando... y con el propósito expreso de hacer la voluntad del Padre.

PALABRA CLAVE:
ENTRE BASTIDORES

Todo el cielo estaba observando aquellos portales esa noche estrellada en Belén. El «cumplimiento del tiempo» (Gálatas 4:4) había llegado. Aunque la mayoría en la tierra no se daba cuenta, los del cielo observaban y adoraban. Recuerde: aquello que sucede en escena no siempre es la historia completa.

Señor, pensar en lo que dejaste para venir a darme vida me lleva a querer «hacer tu voluntad». En el nombre de Jesús, amén.

23 DE DICIEMBRE

NOCHEBUENA EN EL CIELO: UNA PALABRA DE CONDESCENDENCIA

Por eso, al entrar en el mundo, Cristo dijo: [...] me preparaste un cuerpo.

HEBREOS 10:5, NVI

Qué gran paso, del esplendor del cielo al vientre de una mujer y, finalmente, a un establo en Belén. Hay tanto detrás de esas palabras: «me preparaste un cuerpo». Dios es Espíritu y, sin embargo, entró en un cuerpo de carne para identificarse con usted y, por último, ser su redentor.

Esto es condescendencia en su máxima expresión. Dios se volvió tan indefenso como una pequeña semilla plantada en el vientre de una joven virgen. Luego, tan indefenso como un bebé, totalmente dependiente del cuidado de otra persona.

Mire a María. Para parafrasear al maestro y artífice de las palabras, Max Lucado, ella está en trabajo de parto… su espalda está adolorida… sus pies están hinchados… suda profusamente… y tiene contracciones cada vez más seguidas. La cabeza del bebé aparece mientras ella gime y, al pujar, **él** entra en este mundo. ¡Y así llega! Dios hecho carne ha venido a visitarnos: «Me preparaste un cuerpo».

Palabra clave: CUERPO

Pellízquese. Carne, en eso Dios se convirtió… por usted. A fin de que él pudiera decir: «Me compadezco». Él descendió para tomar un cuerpo físico, y que un día usted pueda ascender y tener un cuerpo espiritual. Él vino a estar con usted, para que un día pueda morar con él.

Señor, no hay nada que pueda atravesar que tú no entiendas. En el nombre de Jesús, amén.

24 DE DICIEMBRE

Nochebuena en el cielo: una palabra de comprensión

Por eso, al entrar en el mundo, Cristo dijo: [...] He venido [...] a hacer tu voluntad.

Hebreos 10:5-7, NVI

Jesús no solo comprendía cuál era la voluntad del Padre, sino que además vino a cumplirla. Ese es el propósito principal de su Adviento: hacer la voluntad del Padre. Comenzó la misión en Nochebuena y la concluyó treinta y tres años más tarde en el huerto de Getsemaní: «No se haga mi voluntad, sino la tuya» (Lucas 22:42).

En nuestra escritura de hoy existen dos palabras muy importantes, de seis letras: «He venido *a hacer* tu voluntad». El Señor no vino a hallar la voluntad del Padre, sino «a hacer» su voluntad. Su recorrido al Gólgota no fue principalmente para salvarnos, sino para ser obediente a la voluntad del Padre.

¿Deberíamos hacer menos en esta época navideña? El verdadero éxito en nuestras vidas no viene por conocer la voluntad de Dios, sino por cumplirla.

Palabra clave: PAZ

La paz es uno de los más hermosos atributos del Adviento. Y hacer la voluntad del Padre es lo que llevará la paz verdadera a esta noche especial. No en vano lo llamamos «Príncipe de Paz» (Isaías 9:6).

Señor, pon tu paz sobre mí ahora, la paz que tú das y que el mundo no puede quitar. En el nombre de Jesús, amén.

25 DE DICIEMBRE

Día de Navidad

¡Gracias a Dios por su don inefable!

2 Corintios 9:15

Este es el milagro de la Navidad: «Y aquel Verbo fue hecho carne, y habitó entre nosotros» (Juan 1:14).

Jesús fue el único Dios-hombre. Como Dios, caminó sobre las aguas, calmó la tormenta, sanó a los enfermos y resucitó de entre los muertos. Como hombre, padeció sed y cansancio; sintió tristeza y dolor.

Jesús vino a la tierra como una pequeña e indefensa semilla plantada en el vientre de una joven virgen judía. Cuarenta semanas más tarde, nació en un sucio establo.

Nació en Belén, cuyo nombre significa «la casa del pan». Belén fue el lugar de nacimiento del pan de vida. Dios quiso que la gente supiera que la esperanza del mundo está en un Salvador.

En este día de Navidad, en medio de la familia y los amigos, los artilugios y regalos, únase a Pablo al exclamar: «¡Gracias a Dios por su don inefable!» (2 Corintios 9:15).

Palabra clave: AMOR

La definición misma de nuestro Señor es esta: «Dios es amor» (1 Juan 4:8). Este tiempo de Adviento llega a su fin con la palabra *amor*. El amor es el oxígeno del reino; sin él no hay Navidad. «Porque de tal manera amó Dios al mundo, que ha dado a su Hijo unigénito» (Juan 3:16). Crea en él.

Señor, te amo en este día de Navidad porque tú me amaste primero. Feliz cumpleaños, Jesús. En el nombre de Jesús, amén.

EL REGALO DE NAVIDAD DE DIOS PARA USTED

Christmas is a time for giving gifts... and receiving gifts. TLa Navidad es una época para regalar... y recibir regalos. Piense en ese regalo de Navidad que usted recibió. ¿Qué hizo para recibirlo? Usted no se lo ganó. Tampoco necesariamente lo merecía. Todo lo que tuvo que hacer en la mañana de Navidad para que fuera suyo fue desenvolverlo y recibirlo. Después de todo, le fue dado gratuitamente por alguien que lo ama.

La Biblia dice: «La dádiva de Dios es vida eterna en Cristo Jesús Señor nuestro» (Romanos 6:23). ¡Cielos! No se puede ganar. No se puede comprar. También es inmerecido. Es el regalo de Dios para usted de alguien que lo ama mucho. Y todo lo que tiene que hacer para que sea suyo es recibirlo... por fe.

El mensaje de Cristo no se limita a diciembre y no termina en el pesebre. Continúa en la cruz, donde Cristo cargó con nuestros pecados en su propio cuerpo y pagó su deuda por completo. Fue sepultado y resucitó al tercer día. Pero eso no es todo. Tras el pesebre y la cruz viene la corona. Cristo regresará pronto, ya no como un siervo sufrido, sino como el Rey de reyes y el Señor de señores.

Después de su recorrido por *La clave de Navidad*, quizás se sienta como la poetisa Christina Georgina Rossetti, que hace mucho tiempo se preguntó:

Siendo tan pobre, ¿qué puedo darle yo?
Le daría un cordero si fuera pastor.
Y si rey mago fuera, le daría otro don.
Mas yo ¿qué he de darle?
Le daré mi corazón.

Puede hacer eso en este preciso momento al aceptar el regalo de Navidad que Jesús tiene para usted, la vida eterna. Si ese es el deseo de su corazón, hágaselo saber. Si bien una oración no puede salvarlo, Jesús puede. Permita que esta oración exprese el deseo de su corazón:

Querido Señor:

Gracias por venir a Belén y hacerte carne... por mí. Gracias por morir en la cruz... por mí. Recibo tu dádiva de vida eterna por fe ahora mismo. Perdóname por mis pecados. Te abro la puerta de mi corazón. Te pido que hoy entres... y mores en mí. Acepto la oferta de perdón gratuita y misericordiosa. Gracias, Señor, por el regalo de la vida eterna y abundante, y por venir a morar en mi corazón ahora mismo.

En el nombre de Jesús, amén.

Acaba de comenzar la gran aventura por la cual usted fue creado, conocer a Cristo, a quien conocerle es vida, abundante y eterna. Comience ahora a crecer en su nueva fe.

Acerca del autor

Por más de veinticinco años, O. S. Hawkins sirvió como pastor en la primera Iglesia Bautista en Fort Lauderdale, Florida, y en la primera Iglesia Bautista en Dallas, Texas, entre otras. Originario de Fort Worth, cuenta con tres títulos (BA, MDiv y DMin) y varios títulos honoríficos. Es presidente de GuideStone Financial Resources, que brinda prestaciones de jubilación y servicios a 250.000 pastores, personal de la iglesia, misioneros, doctores, enfermeras, profesores universitarios y otros trabajadores de varias organizaciones cristianas. Es autor de más de treinta libros, entre ellos los éxitos de venta *La clave de Josué* y *La clave de Pascua.* Predica regularmente en conferencias, universidades, encuentros de negocios e iglesias de todo el país. Él y su esposa, Susie, tienen dos hijas casadas y seis nietos.

Siga a O. S. Hawkins en Twitter@oshawkins.
Visite www.oshawkins.com para
obtener recursos gratuitos.

MISSION:DIGNITY

Todas las regalías del autor y las ganancias derivadas de *La clave de Navidad* son destinadas para apoyar Mission:Dignity, un ministerio que permite a miles de ministros jubilados (y, en la mayoría de los casos, sus viudas) que están por debajo de la línea de pobreza, vivir sus días con dignidad y seguridad. Muchos de ellos ejercieron su ministerio pastoral en iglesias pequeñas, las cuales fueron incapaces de proveer de manera adecuada para su jubilación. Asimismo, vivían en casas pertenecientes a la iglesia y, a raíz de su retiro vocacional, también tuvieron que mudarse. Mission:Dignity es una forma de hacerles saber a estos siervos buenos y devotos que no son olvidados y que se les cuidará en sus últimos años de vida.

Todos los gastos de este ministerio se pagan con un fondo que se recauda para tal fin, de modo que todo aquel que ofrende para Mission:Dignity puede tener la seguridad de que cada centavo de sus donaciones va para uno de estos santos valiosos en necesidad.

Para mayor información, por favor diríjase a www.guidestone.org y haga clic en el ícono Mission:Dignity, o comuníquese al número telefónico 1-888-984-8433.

www.ingramcontent.com/pod-product-compliance
Lightning Source LLC
LaVergne TN
LVHW050944080826
845145LV00004B/1399

* 9 7 8 1 4 0 0 2 2 3 5 5 8 *